JN410355

창문에 날개 달다

이정희 제4시집

계간문예

창문에 날개 달다

시인의 말

창문을 열고 바라본 하늘이 유난히 청명합니다.
가을입니다.
나는 가을을 좋아합니다.
논에는 벼가 누렇게 익어가고, 마음마저 풍성해집니다.

틈틈이 썼던 시를 모아 네 번째 시집으로 묶습니다.
시를 통해서 친구와 마음을 나누고 싶습니다.

이 가을, 울긋불긋 고운 단풍으로 치장하고,
친구와 나들이 가는 꿈을 꾸었습니다.

나는 오늘도,
가슴에 행복을 한가득 담고 길 나섭니다.
행복합니다.

2023년 가을 아산에서

請霞 李貞熙

■ 차례

시인의 말 • 5

제1부 창문에 날개 달다

파도 • 13
창문에 날개 달다 • 14
합창 • 16
함께 라서 행복하다 • 18
귀뚜라미의 고백 • 19
편지 • 20
바람은 • 21
풍선을 날리며 • 22
바람의 입맞춤 • 23
눈송이 • 24
구름 • 25
자존심 • 26
어머니 • 27
까치의 선물 • 28
낭만 연가 • 29
흰 눈을 맞으며 • 30
고비사막 • 31
아기 거북이 • 32

제2부 장미의 소원

탄생의 신비 • 35
고향 집 • 36
민들레 • 37
이별은 슬프다 • 38
여름 • 39
딸에게 • 40
인내忍耐 • 41
마스크 • 42
푸념 • 43
이름 없는 꽃 • 44
주먹 인사 • 45
거울 • 46
파문波紋 • 47
나이 • 48
장미의 소원 • 49
판도라의 상자 • 50
망각의 신神 • 51
가을비 • 52
적막을 즐기며 • 53
꽃집 • 54

제3부 보고 싶어서

만남 • 57
나비 사랑 • 58
사랑을 위하여 • 59
꿈 • 60
백로白露 • 61
다섯 가지 보물 • 62
새벽에 부르는 노래 • 63
에어컨 • 64
세상은 • 66
한가위 • 67
보고 싶어서 • 68
아쉬움 • 70
하늘도 치장했나 봐 • 71
친구 • 72
명화감상 • 73
코로나19 • 74
아직은 • 75
라인댄스 • 76
지휘자 • 77
첫눈 • 78

제4부 은행잎의 소원

포도밭 • 83
포인세티아 • 84
은행잎의 소원 • 85
기다림 • 86
별 • 87
홍시 • 88
까치밥 • 89
생일 • 90
버팀목 • 91
뿔 • 92
이 가을에 • 93
가을의 기도 • 94
관계 • 96
데칼코마니 • 98
분수 • 99
신기루 • 100
나의 소원 • 101
그림자 • 102
행운의 길 • 103

제5부 새가 되고 싶다

신작로新作路 • 106

우정 • 107

데크 길 • 108

진리를 가슴에 품다 • 109

꽃비를 맞으려고 • 110

노을의 초대 • 111

비교하지 마세요 • 112

거인과 난쟁이 • 113

대립 • 114

눈과 비 • 115

드레스 룸 • 116

코로나와 마스크 • 118

새가 되고 싶다 • 120

사랑의 결실 • 121

폭설 • 122

낙타의 눈물 • 123

안부 • 124

웃음소리 • 125

장미 정원 • 126

어미 참새 • 127

제1부

창문에 날개 달다

파도

백조의 호수
음악에 맞춰 춤을 추던 바다가
한恨을 토해내려는 듯
한바탕 용틀임하더니
바위를 깎을 태세다

보는 이는 애간장이 타는데
정작 파도는 의연한 모습이다
아무 일도 일어나지 않았다
수평선은 늘 그 자리를 지킬 뿐
잠깐 꿈을 꾸었나 보다

별 하나 떠 있다

창문에 날개 달다

창문은
마중물인가 봐
사계절을
창틀 안에서 꽃 피운다

거실에 앉아
창 쪽을 바라보면
어김없이
소나무 잎사귀가 손짓한다

다가가면
창문은 미소 지으며
재미있는 이야기
준비했다 자랑한다

창문은
우주를 품을 만큼 넓다
봄 여름 가을 겨울
창문 안에서 날개를 편다

창문은

소소한 일상도

명화로 만드는 재주를 가졌다

합창

새벽부터 짹짹짹
참새는 잠도 없나 보다
똑똑똑 다람쥐의 방문에
기지개를 켜본다

오늘은 소풍 가는 날
도시락 챙기지 못한 소나무가
도토리나무를
곁눈질로 힐끔거린다

대나무가 살랑살랑
어깨 흔들며 다가오더니
오늘 점심 메뉴는 죽순이라고
윙크하며 엄지 척 한다

참나무 갈참나무 떡갈나무는
친구들을 불러 모아
도토리묵을 펼쳐 놓았다

다람쥐는 신이 나서
지휘봉 들고 무대 오르고
나무들 합창 소리
마을까지 울려 퍼진다

함께 라서 행복하다

나는 고독이 싫다
함께 숨 쉬고 먹고
이야기 나누며 살고 싶다

손잡고 어깨동무하면
먼 길도 지루하지 않게
갈 수 있을 텐데

가족과 친지를 불러들여
호호하하 웃음꽃 피우면
새들도 신이 나서
청아한 목소리 뽐내겠지

귀뚜라미의 고백

한恨을 숨긴 채 가을을 노래하는
내 얼굴이 상기되었다고
지나가는 바람이 말한다

내가 나에게 부르는 노래에 취해
가슴에 가을을 품지만
내 모습은 보이지 않는다

나를 걱정하는
친구의 얼굴 또한
근심의 그늘이 덥혀 있다

가을과 귀뚜라미,
떼려야 뗄 수 없는 관계라고
나를 위로하는 시인은
멋진 시 한 편 탄생시켰다

나는 시인이 되고 싶다

편지

눈발 타고
그의 입김이 실려 왔다
김이 서려
글씨는 흐릿하지만
그의 진심을 읽었다

한때의 원망도
햇볕에 스르르 녹아 풀어졌고
바늘로 꽉꽉 찌르던 아픔도
함박눈에 덮여 포근하다

뜨거운 입김이
덩달아 가슴을 덮여주었다

바람은

바람은
나의 말문을 트게 했고
마음까지 뻥 뚫어 주었다

오늘도 나는
바람의 친절한 관심에
얼굴 활짝 펴고 거울 앞에 섰다

바람은
사랑 사랑 사랑…
귓가에 소곤소곤 사랑 매달았다

풍선을 날리며

풍선을 불었다
조금만 더 조금만 더 더 더
풍선 몸이 점점 커져간다
살짝 옆구리를 눌렀다
가슴이 부풀었다
가슴을 살살 쓰다듬었다
얼굴이 찌그러졌다
이번에는 팔을 꼬집었다
다리에 부종이 왔다
하하하
풍선이 울다가 웃었다

바람의 입맞춤

새벽 별 보려고
창문 열었다

부드러운 바람이
나의 입술 쓰다듬는다

기다림도 행복이라는
바람의 말에

손 내밀어
바람을 끌어안았다

눈송이

오늘도 펄펄 끓는 가마솥이 얼굴 붉히고
많은 사연 줄줄이 엮여서 불꽃 튀네요

질투 미움 배반의 장미가 얼굴 찡그리고
사랑 희망 열정의 꿈이 어깨 활짝 폈습니다

소복이 쌓인 흰 눈이 귀를 막고 바라보는데
가슴 뭉클해지며 눈물 한 방울 반짝거립니다

세월에 달라붙은 잔털이 신경 쓰여서
틈나는 대로 뽑고 또 뽑으며 하늘 쳐다봅니다

눈송이 한 움큼 뭉쳐서 가슴에 품었습니다
추억이 파노라마 되어 스쳐가네요

구름

날개 단 구름
부러울 것 없다고 큰소리친다
훨훨 마음 내키는 대로
오늘 하루 날아보자

빨간 리본도 달아보고
노란 모자도 써 보았다
스틱은 기본이고 장화 신었다

붓과 물감 챙기고 집 나섰다
사다리 타고 올라가서
하늘 중간에 물방울 그림 그렸다

구름이 스멀스멀 내 몸 감싼다
웃음 가득 환한 얼굴이다
오늘도 명화 탄생했다고 으스댄다

자존심

마음에 주름잡는다
고통과 아픔은
골 속에 꼭꼭 숨기고
걱정은 땅속에 깊게 묻었다

자존심은 태풍보다 강하다
돌아갈 줄도 후퇴도 모르고
오직 전진만 고집하는
자존심을 그 누가 막을까

어머니

나도 고른 이빨 갖고 싶다고
거울 속 어머니에게 투정 부려본다

나는 덧니가 부끄러워
입 다물고 웃는 흉내만 낸다

정기검진일, 치과에 들렀다
"이빨 나이는 사십 대입니다"
치과 의사의 말 한 마디에
반짝 별이 스쳤다

어머니 고맙습니다
이제는 가슴 펴고
활짝 웃어도 되겠지요

까치의 선물

지붕 위의 내 헌 이빨
까치가 물어갔다

까치의 복주머니 속에는
이빨이 가득 들어있다

까치가 심술이 났나 보다

옆집 순이에게
고른 이빨 선물로 주고
나에게는 덧니 심어주었다

낭만 연가

꿈은 이루어진다고
반짝이는 별이
오늘따라 더 환하다

간절히 원하면
사랑도 이루어진다고
흘러가는 구름이
뒤돌아보며 손짓한다

구름 속에
낭만 가득 미소 가득
햇살도 덩달아서
목청 가다듬고 합창한다

꿈은 반드시
이루어진다고

흰 눈을 맞으며

입을 크게 벌려 솜사탕 뜯는다
온 세상이 반짝반짝
긴 숨을 뼛속 깊이 가득 채웠다

눈사람이 지나가는 사람들과
악수하며 안부 전한다
달리던 차들도 설경에 취했는지
속도 늦추고 창문을 열었다

나는 겨울왕국의 엘사 공주
렛잇고 노래 부르며
흰 눈을 가슴으로 맞이한다

고비사막

모래성 맨 꼭대기에 빨간 점 하나
고운 모래가 쌓여 이룬 섬에
내 발자국이 선명하다

사막 한 가운데 달리던
차들은 발이 묶여
부러운 눈초리를 보낸다

내면의 나를 끄집어내고
모래성에 올라 연가 부르니
모래가 춤추며 바람 일으킨다

아기 거북이

우르르 쾅 천둥소리에
유리창이 덜덜거린다
수족관의 아기 거북이
두리번거리는 눈망울 애처롭다

아기 거북이와
눈으로 마음을 나눈다
조금씩 조금씩
커가는 모습이 신기하다

말을 건넸더니
내 말의 뜻을 알아채고
아기 거북이
연신 입을 벙긋거린다

제2부

장미의 소원

탄생의 신비

선달스무닷새 깊은 밤
옆집 순이 엄마도
뜬눈으로 밤을 새웠고
기쁨 반 걱정 반
두 손 모아 기다렸던
아기의 울음소리

가족 모두 손뼉 치며
덩더쿵 춤을 추었다

그 아이 무럭무럭 자라서
은발 날리며 낭만 산책 중이다

고향 집

어린 시절 여섯 식구의 보금자리는
인도人道에 양보하고

담장의 능소화는 순이네 이층집으로
슬그머니 자리 옮겼다

여기는 장독 저기는 부엌과 우물
내 방은 어디였나

추억에 젖어 우두커니 서 있는 나를
지나가는 사람들이 바라본다

시멘트 바닥이 민망하다는 듯
얼굴 붉히며 내 시선을 외면한다

유년시절 내 웃음소리
고향집을 맴돈다

민들레

오가는 사람
발자국 장단에 맞춰
한뼘 한뼘 자라고

늘 겸손한 모습에
지나는 사람 웃으며
눈높이 맞추네요

바람도 그 마음
함께 하고 싶은지
꽃씨 업고 날아가네요

이별은 슬프다

사람들의 환호 속에
우쭐했던 내 이름은 벚꽃

봄비와 바람에
다시 만나자는 약속도 못하고
자취 없이 녹아 버렸다

놀란 땅바닥
이별 아쉬워 눈물 흘리고

벚나무의 심장은
새까맣게 타들어 갔다

여름

담 옆으로 도랑물이
졸졸졸 소리 내며 흐른다

소리만 들어도 더위가
한걸음 물러서는 듯하다

빗방울이 바람 타고
후드득 떨어지더니
콸콸콸 시냇물이 넘친다

호수는 바람에
살과 살 부딪쳐
주름살 무늬 가득하다

강물의 하얀 거품 속으로
하천이 달려와 안긴다

딸에게

아이리스 한 다발
가슴에 품고 눈 감았다

꽃말을 되뇌며
너를 생각한다
'좋은 소식, 기쁜 소식'

향기 맡은 나비
살포시 꽃에 앉아
입맞춤하는데

무심한 듯 미소 보이던
네 모습 그리며
너에게
연신 손부채로
꽃향기 보내고 있다

인내忍耐

인내는 쓰고 열매는 달다고
누가 말했나

인내는 쓴 게 아니라
참기 힘든 고통이었다

아무리 겉으로
태연한 척 해보지만
뼛속까지 욱신거리는
통증을 어찌 막을 수 있으랴

인내는
참는 것이 아니고
끌어 안는 것이다

마스크

엄마, 마스크!
외출하자는 엄마 말에
마스크부터 챙기는
다섯 살 된 석이

코로나19는
사람들 입을 마스크로
꼭꼭 막아 놓고는
미안한 기색 하나 없다

하하하 웃는 소리에
눈 크게 뜨고 바라보니
코로나19가
시치미 떼고 딴청 부린다

푸념

눈웃음 지었지요
즐거운 대화였거든요

팔씨름에 져서
눈이 잔뜩 화가 났어요

누구를 찾는지
두 눈은 두리번두리번

철봉대에 매달려서
땅만 내려다보고 있어요

마스크 때문에
눈만 바빠졌대요

이름 없는 꽃

웬일로 사람들이
나보고 멋있다 하네요

부끄러워 고사리손으로
입을 가리고 웃었어요

나는 아무도 찾지 않는
언덕배기에 살고 있어요

모처럼 우리 동네가
시끌벅적 생기 돌았지요

이 꽃 이름이 뭐지?
웅성웅성 묻기만 하네요

나는
이름 없는 꽃이거든요

주먹 인사

나는 나를 사랑합니다

가위를 단숨에 이긴다고
우쭐거리지 않고
보에 쌓여 숨을 못 쉰다고
기가 죽지도 않습니다

나는 나입니다

오늘도 주먹 인사했어요
바위만큼 단단한
변치 않는 정을 나눕니다

심장이 살아있는
아름다운 악수 했어요

거울

늘 먼저 다가와서
포용하고 격려하며
타인의 의견에 귀 기울입니다

얼굴 맞대고 눈을 응시하지요
마음속을 들여다보니
나랑 같은 마음이라네요

짧은 시간이지만
진심을 담아 토닥토닥
멋진 하루가 펼쳐집니다

체온을 나누고
사랑을 담아 두드리면
굳게 닫힌 마음 열리지요

파문波紋

파문이 일었다

숨소리 하나에
세포가 모두 깨어나고

꽁꽁 숨어있던 열정이
건반을 열고 나왔다

손가락의 강약에 따라
경쟁하듯 튀어 오른다

파문이다

나이

꽃들이 기지개 켰다

내 나이가 몇이지
옆 친구에게 물어보지만
그 친구는 고개만 살래살래

손가락을 접었다 펴더니
나이가 가물가물하다며
쑥스러운지 머리를 긁적인다

땅에 엎드려 있던 풀꽃이
나이는 한 살이고 막내라서
귀여움을 독차지한다고
자랑 늘어놓는다

꽃들이 두런두런 머리를 맞대더니
나도 한 살이야
나도 한 살이야

맞아 맞아
꽃들이 동시에 합창을 한다

장미의 소원

근린공원 지키느라
허리가 휘어진
장미꽃에 귀 기울여본다

추위에 파랗게 질린
장미 한 송이
오가는 사람 바라보며
이야기하자고 길 막는다

가을을 만끽하기도 전에
추운 겨울에 들어선 삶이
안타깝다고 푸념한다

장미의 소원은
서리가 내려 꽃잎 시들어도
향기는 영원하기를

주름의 골이 깊은
사람들에게 기쁨과 희망
나누어 주고 싶다

판도라의 상자

나를 열지 마세요
나는 희망입니다

욕심 질투
각종 시기와 질병

한순간 호기심은
악재를 겪어야 했고

죽음의 문턱에도
여러 번 다녀왔지요

나를 열어보세요
하나 남은 희망을 드릴게요

망각의 신神

전혀 반갑지 않은 신이
나를 찾아왔어요

함께 놀고 싶다네요
내가 좋아졌다고
윙크하며 다가오네요

나를 놓아달라고
조심스럽게 말을 꺼냈지요
아직은 맑은 정신으로
자유를 누리며 살고 싶다고

한참을 생각하더니
다음 기회에
다시 방문하겠다고
인심 쓰듯 미소짓네요

나는 망각의 신과
친해지고 싶지 않은데

가을비

폭염이 물러나고
가을비가 똑똑 마음을 적신다
촉촉이 쌓이는 그리움은 커지고

소쿠리에 모은 빗줄기를
한 켜 한 켜 들추어내니
사랑이 주렁주렁 딸려 나온다

우산 속 맞잡은 두 손
그 사람의 체취와 함께
가을은 또 그렇게 다가왔다

적막을 즐기며

인적이 끊긴 이곳은 나의 집입니다
사람 구경할 수 없는 무인도에
혼자 남았어도 나는 행복합니다

내 가슴은 하늘보다 높고 파랗고
바다보다 넓고 깊어
마음은 희망으로 출렁입니다

미세한 소리도 우레가 되는
나의 집을 적막으로 도배했더니
꽃병 속의 꽃이 머리를 쏘옥 내밉니다

꽃집

꽃집에는
희망 사랑 존경 아름다운 동행이
진열대에 가득가득 쌓였고

꽃집에는
사람의 따뜻한 마음을 팝니다
쓰다듬는 손길은 공짜입니다

꽃집에는
꿈나라 여행을 마음껏 하도록
어깨에 날개도 달아주지요

꽃집에는
세레나데를 불러주는 천사가
문에 기대어 나를 기다리네요

제 3 부

보고 싶어서

만남

두 달의 공백
애태웠던 시간들이었다

잠깐의 만남에
눈물은 반짝반짝 별 되어
세상을 아름답게 비추고
체념은 희망 안고 훨훨
주변을 신나게 날아다닌다

매일 눈 마주 보며
웃을 수 있어 행복하다

만남과 사랑
깊은 내 심장의 보물이다

나비 사랑

풀꽃 위에 나비 한 마리
꽃인가 나비인가 헷갈리네

너는 꽃 나는 나비
아니 아니
너도 꽃 나도 꽃
풀꽃 속에 나비 숨었다

사랑을 위하여

폭우가 몰고 온 뜨거운 열기

달콤 씁쌀한 이 향기는
그의 체취라고 바람은 말한다
꽃무늬로 가득가득 수 놓은
거실 바닥을 물끄러미 바라본다

태양 별 노을 무지개 바다
얼싸안고 사랑 노래 부르고

빗줄기 사이에 숨어있는 하트 하나
그의 마음을 확인할 수 있었다

꿈

시詩 속에 그의 얼굴 숨어있다
사랑에 들뜬 눈빛은 반짝이다 못해
별사탕처럼 달콤하게 매달려 있다

정신이 번쩍 들었다
아름다운 그의 음성은
뺏속까지 핑크색이다

사방팔방으로 튀는 물방울의
마음을 알 것 같다
조금이라도 더 가까이하고 싶은
그의 숨소리라는 걸

백로白露

반짝반짝 빛나는 이슬방울들
별이 부러운지
고개 들고 하늘 향해 손 흔든다

서늘한 바람에 머리카락 나부끼고
눈썹 위의 보석들은
서로서로 칭찬에 열을 올린다

열다섯 살 아름다운 나이
얼굴에 수줍음과 기대감 가득하고
울긋불긋 고운 옷 갈아입고 싶다

풍족을 염원하는 우리에게
하얀 이슬은 다 퍼주고 싶다고
가슴 활짝 펴고 만세 부른다

다섯 가지 보물

다섯 가지 보물을 간직한 채
오늘도 길 나섰습니다

누구에게 이 보물을 나눠 줄까
두리번거립니다

나를 향해 오는 낯익은 얼굴에게
사랑 가득 선물합니다

나에게 환한 미소 보내는 지인에게
행복 한 바구니 안겨주었지요

어린 시절 추억을 간직한 친구에게
희망을 편지로 보냈습니다

지하철 경로석에 앉은 할머니 손에
믿음을 쥐어주었습니다

사랑하는 연인에게는 변치 말자고
신뢰 한 상자 택배로 보냈습니다

새벽에 부르는 노래

눈뜨자마자 부르는 노래는 희망입니다
사랑이 그립다고
기다림으로 지치지 않게 힘을 달라고
아름다운 마음을 간직했으면 좋겠다고
희망을 부릅니다

까치도 신이 났는지 창문을 두드립니다
짹짹 짹짹 노랫소리에
나는 창문을 활짝 열고 심호흡했지요

싱그러운 바람이 내 이마를 스쳐갑니다

에어컨

팔뚝에 닿는 차가운 공기에
깜짝 놀라 밖을 내다본다
창문 닫고 시선까지 거둔다

눈 뜨자마자 찾았던 에어컨을
오늘은 무심하게 지나쳤다

놀란 표정의 에어컨이
물끄러미 나를 쳐다보며
입을 움죽거리려다 거둔다

무슨 말이 하고 싶었을까
내년에 보자고
올해는 정말 즐거웠다고

'아니야, 그건 내가 할 말인데'
수고 많았다고 고마웠다고
내가 먼저 말을 건넸어야 했다

에어컨은 찬바람에게
나를 부탁하고
슬그머니 뒤로 물러났다

세상은

세상은 살만하다
아름다운 삶이다
시원한 바람도 내 편이 되어
산들산들 신나서 노래 부른다

태양도 두 팔 벌려
나를 감싸 안는다
수고했다고 고맙다고
윙크한다

살아주어서 견뎌주어서
사랑한다고
존경해 주어서 배려해 주어서
보고 싶다고

건강 챙겨 주어서 눈물 난다고
고백하는 그의 모습에
이게 사는 거라고
이게 세상이라고
큰소리로 노래 부른다

한가위

아이들에게 문자 보냈어요
이번 연휴는 집에서 쉬라고
말은 그렇게 했지만
나는 알고 있어요
아이들이 올 것을

우르르 밀물처럼 왔다가
한꺼번에 썰물처럼 빠져도
나는 아이들을 기다립니다

전통시장에서 이것저것
아이들에게 주려고
골라 담았더니
장바구니가 부담스럽네요

올해도 보름달에게
소원 빌려고 마음먹었어요
뭐니 뭐니 해도
건강이 최고의 선물입니다

보고 싶어서

못 견디게 보고 싶은 적 있나요
너는 어디서 왔느냐고 물었지요
꿈나라에서 나왔다네요

맞아요
엊저녁에 꿈을 꾸었어요
훨훨 날아다니는
나비 한 마리 보았어요

그 나비예요
지금 내 손등 위에 앉아 있어요
죽을 만큼 보고 싶다고
염원했더니
내 소원 들어준다네요

우연이 인연이 되었지요
필연이었어요
못 만났더라면 평생
의미 없는 삶 살았겠지요

이름 석 자 부르면
가슴이 뭉클해지고
전율과도 같은 감동 주네요
그래서 눈물 납니다

아쉬움

작은 창문으로 들녘 훔쳐본다
봄 여름 가을 겨울
사계절 즐길 수 있을까

창문 열고 찬바람 맞으며
들판을 응시한다
알알이 벼 이삭의 향연

손꼽아 본다
세월의 무게에 지쳐
들판도 늙어가나 보다

하늘도 치장했나 봐

오늘따라 하늘이
하늘하늘 가볍게 흔들린다
옥색 빛 스란치마가
스란스란 이야기 나누고
땅에 끌리는
사각사각 소리는
점점 더 커져서
온 동네 한 바퀴 돈다

은은한 향수香水 냄새가
코끝을 간질인다
흠흠 코를 벌름거리니
향수鄕愁에 젖어
눈물이 주르르 흐른다
하늘이 화장을 고친다

친구

가슴 속에 생생하게 살아있는
초등학교 친구들
모습은 얼마나 많이 변했을까
가뭄 끝에 갈라진 논바닥의
골 깊은 주름을 발랐을까
한 많은 한숨으로 도배한
답답한 골방을 등지고 있을까

젊음을 그대로 간직한
핑크빛 얼굴에서
초등학교 6학년 개구쟁이를
떠올리고 속으로 웃었다

내 친구들 늙지 말고
세세생생 이렇게 살자꾸나
몸은 비록 늙어도
마음은 영원히 초등학생인 걸

명화감상

주방 창문에
파란색 프레임 끼웠지요
한 폭의 그림이
나를 지긋이 바라봅니다

전철 버스 경찰차도
씽씽 신났습니다

누런 들판이
팔 흔들며 달려옵니다

지루할 뻔했던 하루가
명화 감상으로
아름다운 추억 되었습니다

코로나19

왕관을 썼으면
처신도 왕처럼 하면 될 것을

벽창호 고집불통 소리 들으며
사람들의 뒤통수 때린다

입마개로 벙어리 만들고
소통은 나 몰라라 시치미 떼니

늘어나는 확진자 숫자에
숨이 막혀 가슴만 답답하다

아직은

보낼 준비가 안 되었는데
헤어질 엄두가 안 났는데
이승보다 하늘 세상에
살고 싶은 염원이 더 컸나

남은 가족은 어떡하라고
미안하지 않았을까

부녀는 환한 얼굴로
손 맞잡고 연민까지
가슴에 끌어안고
파란 창공에서 내려다본다

미련 없이 후회 없이
날개를 쫙 펴고 훨훨
날아갔다는 부녀의 변명

보낼 준비는
지금도 미래형인 걸

라인댄스

빨간 스커트 살랑살랑
한올 한올 깃털 되어
하늘을 날아다닌다

동작 하나하나가
나비 되어 팔랑팔랑

회원들의 시선이
부끄러워 볼 빨갛다

오늘도 음악에 맞춰
줄 맞추어 하늘하늘
나비 한 마리 품에 안는다

지휘자

바람의 지휘에 맞춰
풀벌레 노래 부른다
노랫가락이 애잔하다

한 여름내 씨름하던 애증이
꿈인 양 아득하다

이슬도 추억에 젖어
머리 끄덕거리며 눈을 감는다

끊어질 듯 끊어질 듯
숨죽이던 바람이
사령관으로 우뚝 섰다

첫눈

보고 싶다고 말할 때는
외면하더니
생각지 않게 방문해서
깜짝 놀랐다

야속하고 야속해서
바라보는 게 힘들었다
쌩하고 찬바람 일으킬 때는
눈앞이 깜깜했었다

미안하다며 창문 노크하는
손길 받아주기로 했다
눈眼물 속에 눈雪물이
녹아서 흐르는 것을

눈眼이라도 마주치기를
가슴 졸이며 바라볼 때는
모르는 척 시치미 떼던
그가 창밖에서 기다린다

놀라움이 반이요
반가움이 반이다

기다리면 좋은 일도
생긴다는 걸 알게 되었다
버선발로 뛰쳐나가는 대신
가슴 열고 환히 맞이하리라

제4부

은행잎의 소원

포도밭

풀벌레도 아이들처럼
손잡고 잠이 들었습니다

포도가 불러주는 자장가에
잠꼬대로 고마움을 전합니다

참새가 울타리를 노크하자
포도밭 이곳저곳에서
기지개 켜는 풀벌레들

포도밭이 낙원이라고
합창하더니 엄지척하면서
손가락을 세웁니다

포인세티아

운치 있는 찻집이라기에
일부러 시간 내었다
혼자 대추차를 마시며 두리번거린다

라디오에서
가요 스잔이 흘러나왔다
포인세티아가 슬그머니 일어섰다

창밖에 흰 눈은 무심히 내려 쌓이고
실내는 사람의 온기로 따뜻하다
포인세티아는 두 손 모아 노래 부른다

스잔 찬바람이 부는데
스잔 땅거미가 지는데

난 너를 사랑해 난 너를 사랑해
포인세티아는 온몸으로 노래한다
얼굴이 빨갛게 물들었다

은행잎의 소원

은행잎은 흙으로 돌아가기를 소원한다
이 겨울을 포근한 땅속에서 지낼 수 있기를

더 싱싱한 잎을 보여주려면 휴식이 필요하고
미지의 그곳이 궁금하다고 눈을 반짝인다

은행잎이 흐르는 눈물을 주체 못한다
비바람에 이리저리 휘둘리다 혼절했다
시멘트 바닥에 널브러져 사지를 퍼덕인다

"나 좀 구해 주세요 거기 누구 없나요"
은행잎의 절규는 자동차 소음에 묻히고
야속하게도 허공에 흩어질 뿐

사람들의 무지막지한 발길질에 절망했고
두 손으로 머리 감싸고 비명 질렀다

은행잎은 오늘도 오가는 사람의 냉대와
발자국을 가슴에 새긴 채 전율했다

흙으로 돌아가고 싶다는 은행잎의 소원
한낱 꿈으로 사라지지 않기를 바라본다

기다림

꽃망울이
눈뜨기를 기다리다
잠을 설쳤다

봄비는
보물창고인가 봐

꼭꼭 숨겨놓았던
금은보화
하나씩 꺼내놓는다

마침내
어린 꽃봉오리
말문 트였다

별

별이 환호성을 질렀다
첫눈이 내린다고

백설은 사람들 가슴속에
설렘을 수 놓았다

사랑 한 순갈 눈물 한 순갈
희망 한 웅큼 배려 한 웅큼

별이 웃었다
늘 지켜보고 있다고

홍시

깊은 가을
너는 까치를 기다리다가
속까지 빨갛게 데었구나

두리번두리번
바람 소리에도 온몸 곧추세우고
까치의 날갯짓을 기다린다

너의 향기가
허공에 분무되어

드디어
까치의 후각을 깨우고

네 주변은
까치의 방문으로 시끌시끌

까치밥

쌀로 지으면 쌀밥
보리밥 잡곡밥 찰밥…

까치밥은?

까치를 사랑하는 사람들의 정情

생일

간밤에 무슨 꿈을 꾸었지?
쌍무지개가 뜬 오늘
굳게 닫힌 문도 열렸다

녹슨 자물쇠가 아니라 다행이다
믿음 하나로 성城을 쌓았다

잔잔한 호수에 파문이 일더니
소용돌이로 변했다

멀리서 들리는 메아리가
내 가슴을 두드렸다

오늘은
내가 새로 태어난 날이다

버팀목

자신은 드러내지 않고
묵묵히 자리를 지키는
그런 사람이 되고 싶다

형제들이
우애 있게 지내도록
중간 역할을 충실히 하는
그런 사람이 되고 싶다

글을 쓸 때
힘을 받쳐주는
가운데 손가락 같은
그런 사람이 되고 싶다

뿔

무대는 세계

인공위성 타고 여행하며
모바일로 안부 전한다

안테나가 둘이라서
교신 속도도 두 배

이 가을에

고운 꿈을
울긋불긋 잎사귀에 걸었더니

아이들의 웃음소리가
메아리 되어
뜰 안을 채우고도 넘친다

답장 대신
보름달보다 큰 미소를
풍선에 달아 하늘에 띄웠다

붉은 단풍이
바람에 실려 고향 찾았다

가을의 기도

남을 배려하는 마음이
점점 더 커지게 하소서
핑계 대지 않고
너 때문이라는 말보다
네 덕분이라는 말을
입에 달고 살게 하소서
늘 새로운
물맛을 느끼게 해주시고
처음 만난 사람처럼
예의를 지키게 하소서
깊어가는 가을
찬바람이
뼛속까지 훑고 지나가지만
홍연紅緣을 마음속에 간직하고
아름다운 사랑 이어가게 하소서
빛나는 보석보다
다정한 말 한 마디
자애로운 손길에 만족하게 하소서
산 넘어 산이 삶이라지만
마음만은

오색찬란한 단풍이게 하소서
어렵고 힘들어도
삶을 포기하지 않게 하소서
이 가을
더욱 풍요롭게 하소서

관계

후두둑 빗줄기가
창문을 열고 머리 디민다

황사를 뒤집어쓴 비가
내 눈과 마주치자
입을 열었다

어젯밤 꿈에
잿빛 구름 속으로 사라진 하늘이

무서워서 울었다며
푸념 늘어놓는다

풀들이 입을 삐쭉거린다

화단의 꽃들도
밤새 내린 비 때문에
잠 설쳤다고 목청 높인다

정장 차림의 하늘은
내 어깨를 끌어안고 속삭인다

검은 비의 눈물 덕분에
빛나는 별들을 만날 수 있고

가슴설렌다고
얼굴에 홍조 띠며 웃는다

데칼코마니

나비가 훨훨
이 꽃에서 저 꽃으로
마음 찾아 춤을 춘다

물감 풀어
멋진 나비 탄생하고

빛을 받은 그림자는
나의 마음 읽었는지
다소곳이 그 자리에 서 있다

나비는 내 그림자 끌어안고
하늘을 향해 힘차게 비상한다

분수

뚜껑을 살짝 들어 올렸다
날을 세운 슬픔, 원망과
눈이 마주쳤다

희망, 행복이 빼꼼히
얼굴 내밀다 그만 뒷걸음질한다

허리를 펴고 일어섰더니
그림자가 나를 껴안고
도로 땅바닥에 앉힌다

분수 좀 지키라고
눈은 말하고
그림자는 알았다고
천천히 고개 끄덕인다

신기루

그와 나 사이에 벽이 생겼다
종잇장보다 얇은 틈 사이에
실망이 움찔거린다

마음의 상처는 그림자 되어
잡을 수 없을 만큼
폭풍 성장한다

하늘과 바다가
실망으로 덮혀 깜깜하다
마음의 상처는 나를 쓰러뜨렸고
사람들은 진실이 알고 싶어
아우성이다

그림자 빙긋이 웃더니
한 발짝 뒤로 물러앉는다

나의 소원

너에게
날개를 달아주고 싶다

나는 비록 범부이지만
너는 꿈을 활짝 피울 수 있게
날개를 달아주고 싶다

한 발짝 한 발짝
걸음마를 시작해라

호루라기 소리에 맞춰
달리기 시합은 어떨까
뭇 사람들의
환호 소리 들리지 않니

값진 땀을 흘린 너에게
힘찬 박수 보낸다

너의 양어깨에
날개를 달아주고 싶다

그림자

꼭꼭 숨겨놓은 너의 마음
나는 알고 있지
외로워하지 마
네 마음속에 나 있다

너는 양손에
슬픔 한 움큼 움켜쥐었지만
한 치 앞도 보이지 않는 길을
둘이 걸을 수 있어
외롭거나 무섭지 않더라

한 번의 포옹에
세상을 다 품은 듯 행복하고
나를 닮고 싶어 하는
너를 보면 뜨거운 눈물이 주르륵

내가 환한 미소 보내면
너의 양어깨는 들썩들썩
내가 입 벌려서 크게 웃으면
너도 신이 나서 환호성 질렀지

행운의 길

내가 가는 길은 늘 열려있다
별도 신기하다며
반짝반짝 환한 빛을 비춘다

바람은 시키지 않아도
미리 알아서
대문을 활짝 열어준다

오늘도 사뿐히 문턱 넘었다
마당 가득 채운 사람들의
환호와 박수 소리에

나는 그만 어리둥절
두 눈만 굴리고 있다
행운이 길 위에 줄지어 서 있다

제5부

새가 되고 싶다

신작로新作路

나는 여러 개의 이름으로 불린다
누구는 산길이라 부르고
또 누구는 들길이라 칭한다

철길, 물길, 하늘길…
그중 신작로가 제일 마음에 든다
넓게 새로 만든 길
그곳에는 희망이 있다

지나가는 트럭에게 물었더니
신작로가 그들의 꿈이었고
벗이었다며
내 두 손을 꽉 잡고 흔든다

우정

문자음이 울린다
함께 봄 내음을 맡고 싶으니
얼른 나오라는 골목길의 문자다

조깅복에 머플러를 두르고
한달음에 달려나갔다

골목길은 밤새 나를 기다렸는데
밤이 그렇게 긴 줄 몰랐다고
손으로 입을 막고 웃는다

골목길과 정을 나눈 지 반백 년
새벽 별이
우리의 우정 응원한다고
엄지손가락 들어 엄지척한다

데크 길

한 발짝 한 발짝 발짝을
뗄 때마다 소곤거린다

오늘 아침에 있었던 일을
다 알고 있다고

가끔 만나는 사이지만
우리는 할 말이 많다

싱그런 풀 내음 품었더니
갑판이 나를 안내해준다

진리를 가슴에 품다

길이 지나가는 사람들에게
속마음을 털어놓습니다

먼지를 뒤집어쓰고 안개와 뒤엉켜서
평생 엎드려 살았지만
절망보다는 행복할 때가 많았다고

길은 조용히 다가와 속삭입니다
"내가 바로 지혜이고 안내자입니다"라고

우리는 오늘도
참된 도리 찾아 인간답게 살고 싶어
길 떠날 준비를 합니다

꽃비를 맞으려고

봄볕이 기지개 켜자
벚꽃은 꽃망울 터뜨리더니
하룻밤 사이에 만개했다

벚꽃은 우쭐거리며
뽐내고 싶었지만
나들이 대신 창문 열었다

이상기온異常氣溫에
어질어질 혼미한 벚꽃이
거리에 하얀 융단 깔았다

사람들의 환호성을
화관 대신 머리에 쓰고
카메라 앞에서 환히 웃었다

노을의 초대

노을은
정성스레 만든 초대장을
나의 무릎에
살포시 얹어 놓았다

하늘에 닿은 나의 소원이
붉게 물들었다

장미꽃다발을 안고
노을을
만나러 가는 날,

요동치는
심장박동이
지평선을 넘어가고 있다

비교하지 마세요

지난해 추웠다고
올해도 추울 거라 겁먹지 마세요

작년의 나는
마음이 아파서 괴로웠지만
지금은 넉넉한 마음을 나눌 수 있거든요

봄이면 찾아오는 꽃샘바람도
연인의 가슴을 식힐 수는 없으니
슬퍼하거나 낙심하지 마세요

그녀의 볼을 때리는 소소리 바람을
양팔 벌려 막아주었더니
손을 내밀어 악수를 청합디다

모든 것은 마음먹기에 달린 것
서로 비교하며 원망하고
슬픔에 빠지지 마세요

거인과 난쟁이

거인 왕국에 난쟁이가 나타났어요
거인들은 눈이 튀어나올 만큼
놀라서 우왕좌왕 야단법석입니다

난쟁이는 확성기를 들고
크게 외쳐댑니다
난쟁이 마을을 방문해 달라고

거인들 화들짝 놀라서 목을 길게 뺍니다
난쟁이는 그 모습을 못 본 척
태연하게 외치고 또 외칩니다

난쟁이 마을에 놀러 오세요

대립

열차가 달린다
나는 집으로 가는 중이다
바깥 풍경이
뒤로 뒤로 밀려나고 있다

논과 밭, 도로와 산, 나무들은
내 집까지 따라가기를
거부하며 버티고 있다

오늘만이라도
함께 가면 좋으련만

열차가 속력을 낸다
바깥 풍경은
젖먹던 힘까지 다해서
뻗대고 있다

눈물까지 흘리면서

눈과 비

눈이 겨울에만 내린다는
고정관념에서 벗어나세요
눈은 늦은 봄에도
산천을 하얗게 장식하지요
비는 여름에 내리는 거라고
못 박지 마세요
겨울비는
한층 더 세차더라고요
눈과 비
같은 뿌리에서 태어났거든요
언 듯 보면 눈과 비는
상극인 것 같지만
서로 도와가며
용기를 북돋아 주는 형제입니다

드레스 룸

드레스 룸을 찬찬히 훑어봅니다
검은색과 빨간색 옷이
드레스 룸을 차지하고 있네요

내가 좋아하는 빨간색 옷이
검은색 정장과 어깨를 나란히 하고
나의 선택을 기다립니다

어린 시절부터 함께 한 빨간색은
변치 않는 나의 사랑에
머리를 곧게 세우고 의기양양합니다

검은색 옷도 뒤질세라 활개를 치며
한마디 거두는데 자부심이 대단합니다
누가 뭐라 뭐라 해도 검정만큼
세련되고 멋진 색은 없다고

빨간색 옷과 검은색 옷이
겉으로는 평온을 가장하지만
한 치의 양보를 거부합니다

나는 그 둘의 신경전을
모르는 척 시치미를 떼고
오늘도 드레스 룸에서
새로운 나를 발견합니다

코로나와 마스크

오늘도 코로나가
푸념을 늘어놓았어요
마스크만 없으면
온천지가 자기들 손아귀에서
꼼짝달싹 못 했을 거라고

마스크가 비웃었지요
세상이 그리 녹녹하지 않다고
너희들 계략에
놀아날 줄 알았느냐고
눈을 부릅뜨고 야단칩니다

코로나가 한풀 꺾인 모습으로
마스크 눈치를 보네요
마스크의 위력에 주춤하고
한 발 뒤로 물러납니다

마스크들 모여 회의합니다
코로나 방지가 필수이지만
이왕이면 모양도 예쁘고

색깔도 고운 마스크를 만들어보자고

코로나에게 말해주고 싶어요
이제 그만 꼬리 내리고 항복하는 게
서로를 위해 좋을 거라고

새가 되고 싶다

온종일 땅에 배를 깔고 누워
하늘만 쳐다보고 있는
나는 앉은뱅이 꽃이다

날아가는 새들에게
나 여기 있다고
두 팔 흔들며 큰소리로 외쳤다

새들이 나를 내려다보자
내 가슴은 요동치고
얼굴은 발갛게 달아오른다

새는 멀리 날아가더니
나뭇가지에 앉는다
나는 두 눈을 감았다

나는 오늘도
먼 하늘을 바라보며
비상飛上을 꿈꾸고 있다

사랑의 결실

대지가 샛노랗다
유채꽃밭에
한가로이 휴식을 취하고

지나가는 사람의
시선은 한곳을 응시하며
손놀림이 바쁘다

유채꽃은 기적이었지
배추와 양배추가 맞잡은 손이
사랑의 결실을 이루었다

폭설

조용히 숨어 지내듯
말이 없기를 바랐었는데
무슨 심술 났는지
사람들의 발을 꽁꽁 묶어놓았다

목화솜 이불처럼 포근해서
모두를 따뜻하게
감싸 안아주기를 희망했었다

네 마음도 결코 편치않으리
염치없다면서 고개를 푹 숙이고
땅만 보고 걷는 모습이 안쓰럽다

해님이 너의 불편한 마음을 알고
종일 따뜻한 햇볕을 내뿜더니
부드러운 햇살이 환하게 웃는다

사람들의 씩씩한 걸음걸이
너를 향해 한마디씩 건넨다
지나치면 모자람만 못하다고

낙타의 눈물

모성애를 잃은 어미 낙타
새끼에게 모질고 혹독했다

식탐 왕 어미 낙타는
새끼에게 젖 먹이기를 거부하고
혼자만 호의호식하길 원한다

주인이 불러들인 악사의
마두금 연주를 듣고
어미 낙타의 눈에 눈물 고였다

반성의 눈물이었나
아니면 회한의 눈물인가
구슬프게 울던 어미 낙타는
새끼를 보듬고 젖을 물린다

안부

사뿐사뿐 송홧가루가
창문을 두드립니다

차인茶人 큰잔치에
참석하고 싶다고
앞장서서 나섭니다

바람이 주관하는 행사장은
차향으로 은은합니다

송홧가루가 다과상을
기웃거립니다

혹여 송화다식이
빠졌을까 전전긍긍합니다

사람들 손에 송화다식이
들려있는 걸 보며
송홧가루 신났습니다

웃음소리

나의 분신입니다
아이의 탄생 소식에
온 동네 웃음소리 들썩입니다

금줄도 환히 웃고 있네요
빨간 고추와 숯과 솔잎
새끼줄에 매달려 그네 탑니다

백구와 황구도
눈웃음치며 꼬리 흔들었지요
동네 까치도 까악까악
웃음을 나뭇가지에 걸어놓고

귀한 생명 선물로 받았으니
아낌없이 다 주겠다는
바람의 말에 웃음소리
날갯짓하며 산 넘어갑니다

장미 정원

장미 향기가
온몸의 세포를 깨운다
예쁘다 예쁘다 정말 예쁘다고
소리치는 함성이
멀리 멀리 퍼졌다

꽃과 잎이 나를 반기며
해맑은 모습으로 다가선다

전에 보았던 그 꽃은
분명 아닐 텐데
각양각색의 꽃들이
만개하지 않아서
더 고귀하게 보이는가

눈길을 어디에 둬야 할지
눈동자가 빛났다
눈, 귀, 코, 마음이 호강한다

나도 장미의 안부가 궁금해서
한 발짝 다가갔다

어미 참새

천둥소리에
구름도 놀랐나 보다
천지가 깜깜하던 날
잃어버린 새끼 찾느라
어미 참새의 목은
꺾일 만큼 길어졌다

꿈인지 생시인지
어미 부르는
새끼의 울음소리
어미 참새는 맨발로
뛰쳐나가 봤지만
그림자마저 꼭꼭 숨었다

비통한
어미 참새의 눈물이
굵은 빗줄기 되었다

대지大地도 놀랐는지
전율하며 흐느껴 운다

계간문예시인선 193

이정희 시집 _ 창문에 날개 달다

초판 인쇄 2023년 12월 5일
초판 발행 2023년 12월 10일

지 은 이 이정희
회 장 서정환
발 행 인 정종명
편집주간 차윤옥

펴 낸 곳 도서출판 계간문예
주 소 03132 서울 종로구 삼일대로 30길 21 종로오피스텔 1209호
전 화 (02) 3675-5633 팩스 (02) 766-4052
이 메 일 munin5633@naver.com
홈페이지 http://cafe.daum.net/quarterly2015
등 록 2005년 3월 9일 제300-2005-34호
연 락 처 03132 서울 종로구 삼일대로 32길 36 운현신화타워 305호
인 쇄 54991 전북 전주시 완산구 공북1길 16, 신아출판사
ISBN 978-89-6554-283-4 04810
ISBN 978-89-6554-118-9 (세트)

값 12,000원